AF295290

Words are, in my not-so-humble opinion, our most inexhaustible source of magic.
— Albus Dumbledore (J.K. Rowling)

Niko Ruppert

Väliasema

© 2022 Ruppert, Niko
Kustantaja: BoD – Books on Demand, Helsinki, Suomi
Valmistaja: BoD – Books on Demand, Norderstedt, Saksa
ISBN: 978-952-80-6892-1

i

ja vielä eilen luulin, että ikuisuus olisi jotenkin kovin pitkä
aika
                että se kestäisi
                että sitä ehtisi katsella
läheltä ja kaukaa
ja luulin, etten millään jaksaisi odottaa sen loppumista
                että äärettömän monta sekuntia olisi todella
                äärettömän monta sekuntia

mutta heräsin aamulla
vain huomatakseni niiden kaikkien
menneen jo ohi

ii

kuulin, kun tulit kotiin
tai en niinkään kuullut
tai ehkä edes nähnyt

mutta kuulin, kun lähdit
siitä kuuluu erilainen ääni

yötaivaalle
pudonnut on tähtiä
unohdan hetkeksi
olevani ihminen

tuijottanut jalkojani
kaikki kesäni pitkät
eivät ne siitä
ole kasvaneet

kosketan viljaa,
jonka isäni kylvi
seinällä kuivuu
myös tapetti

hämärässä huoneessa
yötaivas
pönttöuunia
kirkkaampi

iv

ne tiet, ne kujat, joita kuljemme, kun sattuu
ne polut, ne reitit
ne ladut, ne väylät
ne raitit

kotiin ne eivät välttämättä vie,
eikä edes eteenpäin,
mutta korkeammalle

V

on ehkä vaarallista toivoa kuuta taivaalta
niin suuri se on
niin kaukana, niin paljon

on vaarallista toivoa, että kesäilta kestäisi
ei se ikuisesti kestä
mutta välillä, voisi se hieman madella

on myös vaarallista odottaa aamua
sitä valoa yön päässä
joka täyttää taivaan meidän nukkuessa

mutta toisaalta
mitä muutakaan voimme tehdä?

kuinka olla odottamatta, kun vain sitä kärsimme tehdä
kuinka olla hiljaa, kun olemme vain äänihuulemme
kuinka olla paikallaan, kun olemme vain jalkamme

emme paljoa tarvitse
mutta se kuu
se on elinehtomme

vi

tähdet ne vasta äänekkäitä ovatkin
ne perkeleet siellä
kimmeltämässä niin kauniisti
siellä

kun eivät ne muista
miltä tuntuu olla elossa
miltä tuntuu herätä kylmästä tammikuun vuoteesta
ja huomata
olevan jo heinäkuu

vii

valkoliljojesi vieressä
siinä odotushuoneessa
huomaan, ettet olekaan täällä

jätän vuoronumeroni penkille
unohdan takkini
nousen ensimmäiseen bussiin
jään viimeisellä pysäkillä

ja tietenkin
olet minua vastassa

viii

jossain on kolme minuuttia,
missä tuulee niin että heinikko voisi vähän taipua,
missä olisi sen verran viileä, että joku saattaisi pukea
pitkähihaisen

jossain on minuutti,
missä istumme kahden,
missä seinäkello muistuttaa, että minuutissa on
kuusikymmentä sekuntia
ja että meillä ei ole kuuttakymmentä sekuntia

jossain, on ehkä sekunti
jota ei voi jakaa pienempiin osiin,
jota ei voi säilöä lasipurkkiin ja viedä jonnekin pimeään

siellä olemme
nytkin,
vaikka siitä onkin jo melkein vuosi

sinne yritän vieläkin löytää

tuulahdus metsämansikkaa,
kuten silloin kesällä,
kun olimme
  ja tiesimme

kuinka käy, kun odottaa iltaa
kuinka käy,
kun odottaa huomista,
joka on jo alkanut

x

olit salaa
kaikki, mitä maailma itseltään toivoo

olit se tyhmä ihana uteliaisuus
ja uneliaisuus

olit kaikki ne toiveet, jotka avaruudelle kerrot
juuri ennen kuin nukahdat

jos saisin eurolla kolmekymmentä vuotta
ja kahdella eliniän

jos saisin tavulla sonetin
ja lauseella eepoksen

jos vain,
saisin siemenellä puutarhan
ja risulla lehdon

olisin ehkä vastannut puhelimeen

xii

ne pari sekuntia
ne pari ääretöntä, jota et unohtaisi

vaikka aurinko sammuisi
vaikka avaruus olisikin tyhjä
vaikka rakkaus kuolisi
ja Romeo ei rakastaisikaan Juliaa

ne pari sekuntia
ovat ainoa aika, joka ei koskaan lopu

xiii

luovun siitä kaikesta turvasta
ja niistä kaikista kaistaviivoista, jotka vaihtuvat

yhtenäisestä
        katkonaisiin

jotta vauhtisokeus olisi vain sana
ja adrenaliini vain hidaste

jotta kaikkina muina päivinä
voisi vain kävellä

xiv

et uskonut, että on olemassa vuosia
niin kuin monikossa, vuosia
et varsinkaan kymmeniin tai jopa satoihin vuosiin
enkä aio olla kanssasi eri mieltä
sata vuotta ei välttämättä ole oikea asia

mutta huomaatko
olemme jo huomisen puolella
yöjunamme Andromedaan lähtee vartin päästä
eikä tuhat tähdissä tule tuntumaan missään

XV

ikävöin niitä iltoja,
joihin sain mahtumaan kaikki muuttolaatikkoni
ihan helposti, tunkematta
vaikken ollut mihinkään lähdössä
oli kiva tietää, että saan ne johonkin

ja nyt, kun olisin
jäävät ne häkkivarastoihin,
joihin ei ole vielä tehty avaimia
eikä tehdä
        ehkä vielä vuosiin

xvi

sivuni ei rimmaa,
mutta musteeni osaa toivoa

molekyylit muoteissaan
värisevät, kiivaasti

ja se värinä
ei vaimene — edes avaruudessa
            edes neljältä aamuyöllä Shellin pihassa
            edes silloin, kun unohdat kanteni pimeään
nurkkaan

on paljon, joka ei ole ikuista
ja on enemmän, joka ei ole edes hetkellistä,
mutta
on *ainakin* viisikymmentä seitsemän sanaa,
jotka ovat vielä täällä
kun ikuisuus loppuu

xvii

en vieläkään omista maljakkoa, vaikka olen vuosia sellaista
yrittänyt hankkia

haluan sellaisen lasisen, aaltoilevan
pitäisin sitä keittiönpöydän vakiovarusteena kynttilöiden
vieressä
se olisi täysin kolhuton ja sen pinnalle ei saisi kerääntyä
sormenjälkiä, eikä pölyä

vuosisadan palasia olen yrittänyt sellaista hankkia
ja vuosisadan palasia tulen sitä vielä hankkimaan

koska en pysty laskemaan sinne mitään kuolevaa, kuivuvaa
koska en pysty
          antaa valon sitä lävistää

xviii

junaradalle ei saa mennä
juna voi ajaa päälle
ja junan päällekään ei saa mennä
siitä voi saada 25 kilovoltin sähköiskun,
jolloin sytyt ehkä välittömästi palamaan

junat ajaa kovaa, mutta junan sisällä on turvallista
siellä voi syödä vaikka lakritsia, tai kuoria omenan
omenan voisin kuitenkin kuoria kotonakin
mutta kotona ei ole ikinä lakritsia

junat on vaarallisia, jos et ole niiden sisällä
kuten olet sinäkin

xix

kahvi tippuu jo
tulee jos on tullakseen
sanoin sateelle

XX

kaksi ikkunaa
kaksi tähteä seinässä
valvoo, välkkyy

eikä kukaan tiedä
eikä moni arvaa
ei se tieto ole meille

sammuu yksi
syttyy pari
mosaiikki herää

joku vie roskia

xxi

lehtiä, tippuneita
eteisessäni

haravoin haravoin
samalla istutan viereen koivikon,

kiviä, lohkareita
sängyssäni

louhin louhin
kallioita pienemmiksi kunnes

mannerlaatat katoavat pohjahiekkaan
dinosaurusten joukkoon

xxii

aina
olen mukanasi
äläkä huoli

aloita alusta
ja kun olet valmis

kosketa planeettoja
hengitä tähtipölyä
jätä kaikki taaksesi
kiipeä viimeisen kerran, sanoit

älä pysähdy
kiipeä, kunnes saavutat viimeisen lehden
kiipeä, kunnes tiedät kaiken
kiipeä vielä, sanoit

kiipeä vielä vähän
kiipeä, kunnes oksat antavat periksi
kiipeä, kunnes näet kaiken
kiipeä vielä, sanoit

kiipeä, kunnes happi on kuin silkkiä
kiipeä, kunnes kätesi eivät jaksa enää puristaa
kiipeä korkealle
kiipeä puuhun, sanoit

xxiii

valkoiset kekäleemme ne vain,
taivaanrannan tavoin,
hiljaa punertuvat

mutta se ei haittaa,
koska aivan, kuten olemme nyt
                olemme huomenna

oli aika, kun sanoja oli vain yksi
yksi sana
pehmolelulle, kukille, tähdille
maailmalle

olen unohtanut sen sanan
enkä muista miltä se kuulostaa
tai miltä se tuntuu
huulillani

ja nyt,
kun sanoja on tuhansia
       ja tuhansia

eivät ne mitään tarkoita

syyskuun sateessa
yritän kirkkoani sytyttää,
mutta tulitikkuni
ne vain katkeilevat

en sanomalehteä tuonut
en taaskaan sytkäriä
en bensaa
en sateenvarjoa

puiset penkit ne syttyisivät,
mutta sisälle en pääse
ei lasimaalaukset päästä
kuin valoa

puuta yritin sytyttää puulla
alttaria avotulella,
jotta lämpö
minut taas löytäisi

xxvi

sininen minulta loppui,
mutta se ei haittaa
ilta on jo pitkällä
ja punaista
minulla vielä runsaasti

xxvii

rakenna maailman suurin hiekkalinna
rakenna se aivan veden rajalle
käytä siihen koko päivä
varaa ehkä seuraavakin

uuvuta kätesi
muistithan ne sivutornit?
älä lepää vielä
aalto tulee pian, mutta sen tiesitkin jo

äläkä aaltoa varten rakenna
älä aaltoa varten väsy
älä aaltoa varten valvo

rakenna, koska voit
älä, koska *vielä* voit
aikaahan sinulla ei koskaan ollutkaan
rakenna,

koska sitä eniten rakastat

Emmalle

xxviii

istumme ruispellossa
heinät ovat kasvaneet ylitsemme
ilta tekee tuloaan
jo

on hiljaa
sininen leikkii kullan kanssa
päivä loppuu, muttet halua vielä nousta

vielä hetken, yhden
mutta huomaatkin minun jo livistäneen auringon mukana
taivas syttyy
ampaiset perääni

et saa minua kiinni
millään
muttei niin ollut tarkoituskaan
vielä pitkään aikaan

olet täällä nyt
ole, täällä nyt
heitä varten

xxix

katon harjoilla kylven
kuin olisin osa taivasta
tähdet, tähdet jaloissani
heräävät

katukivillä tanssin
kuin en huomiseen uskoisi
lämmin, lämmin maa
kantaa

hiljaisen niityn löydän
kuin se olisi piilossa
kukat, kukat hiljaa
ympäröi

xxx

sängyssä veitsiä
ilta toisensa jälkeen
mutta kestävät ne eivät
minuutteja

sängyssä saksia
jotka eivät aamulla
lakanoita ehjää,
tai viivy

xxxi

mitä edes ovat unelmamme,
jos eivät pieniä peikkoja Särkänniemessä
syömässä jäätelöä
kastumassa läpimäriksi
oksentamassa jäätelöä

mitä edes ovat unelmamme,
jos eivät tonttuja kesäyönä
kahdeksankympin alueella
ajamassa satasta,
hankkimassa valtion kameralla uutta yhteiskuvaa

mitä edes ovat
unelmamme,
jos eivät menninkäisiä lyhtypylvään päällä
näkemässä auringonnousua ensimmäisenä

ansaitsemmeko edes unelmoida
jos eivät ne ole pieniä suuria temmeltäjiä?

en usko

xxxii

ei ole reilua että jäät jo nyt,
kun minulla on niin paljon vielä jäljellä
en ole oppinut vielä edes puhumaankaan

ei ole reilua, että kotisi
on minulle vain väliasema

xxxiii

on öitä ja on *niitä* öitä

ja niissä öissä
on niin helppoa juosta
paljain varpain läpi usvaisia niittyjä
ylös kumpuja

ja niissä öissä
ei mikään jahtaa
paitsi aamun säteet
joista vain kirjat kertovat

niissä öissä
jälleen neljätoistakesäinen olen
mullasta nousen
ja valon mukana lähden

xxxiv

hämärässä kruunu
kynttilät hiljaa odottavat
kunnes linnut
heräävät heinät
näkevät jälleen metsän palavan

XXXV

muista tämä hetki
on ainoa asia, jonka muistan siitä hetkestä

xxxvi

koditon kaupungissa
uneton
        niissä valoissa, jotka eivät sammu

kesissä hetken lepään
heinissä, joiden ylitse en näe
eikä minun tarvitsekaan

en kuuta saa näkyviin, vaikka yritän
isä näytä missä se on
äiti, katso kun juoksen

tähdet joessa
vie minut
niihin kesiin

valot ojassa
tuo minut takaisin

                    xxxvii

tanssimme
yön me kulutimme loppuun
askelillamme
kimaltelevia aaltoja avaruuteen

heräsimme
uuteen vuosisataan avasimme verhot
ja hiljaisuudellamme
toivotettiin kaikkea parasta

xxxviii

ajalta olimme lainatut
        velaksi ne kaikki lupaukset
        luotolla luottamus

takaisinmaksuun eivät päivämme yltäneet
enemmän sanoja velkaa, kuin mitä kirjastoihin mahtuisi
enemmän iltoja hiljaa, kuin mitä maailmassa minuutteja

ja nyt
ulosoton portailla auringon laskiessa
laskemme pullokuitteja

xxxix

kiskobussit vievät vähemmän kauas, kuin junat
mutta enemmän kauas, kuin lentokoneet
ohitseni
ja ylitseni

kiskobussit eivät ole suurempia, kuin junat
mutta sinne saa mahtumaan enemmän ajatuksia
suuria
ehkä rikkinäisiä

hahhahhaa, kun ovat ne kiskobussit pieniä ja lyhytmatkaisia
kylläpä naurattaa, kun eivät ne ole junia
melkein sanoisin, että huutis*ta kiskobusseille

mutta silti
paljon ne ovat vieneet
ja kauas

ei kauemmaksi
kuin junat,
mutta kauemmaksi
kuin lentokoneet

xl

jotain lainattua, jotain sinistä
vesiväripilvet korkealla
tahtovat sanoa jotain vaaleanpunaista

on silti
        ehkä turhaa odottaa, että sivellinlasi kaatuisi taivaalle
ei se kuitenkaan kaadu

mutta jospa se kaatuisi
        jospa pitkästä aikaan
        voisin maalata neilikoita

xli

ja sen perhosen, jonka jätit ulos
kuistilta sen löysin
nukkuvan

ja aamun sateesta huolimatta
oli se koskematon
ei edes tuuli sen unta häirinnyt

mutta kauanko nukkuu tuo?
syksy on jo pitkällä
ja lehdet
            sen noutaa jollei nouse

onhan huomenna jo helmikuu

xlii

aamuneljän kadut
mukulakivet
jossain heinäsirkat

tietä ylittävät siilit
sai minut jo melkein unohtamaan
mitä varten valvon

kesäni ensimmäinen ei tämä ole
ei toinenkaan
kolmas oli meidän
neljäs ei

valvonut kauemmin, kuin kolme kesää
pidemmälle, kuin neljä
en silti yhtä enempää saanut

enkä saa, näkemällä aamuviiden säteet
mutta odotan

xliii

katulamppujen valaisemat rantavallit
suolainen usva ja palmut
kauempana jossain
kitara ja nuotio

hiekalle huuhtoutuneita simpukankuoria
seuraan mereen
tuntuu, että niitä on vähemmän,
kuin viimeyönä

maistan suolan
vyötäröä myöten vaahtopäissä
en löydä varpaillani seuraavaa simpukkaa
nousen hiekan ylle

huomaan kalkkisameutumat
lasken tekokasvin takaisin suihkukoriin
kuivaan ja unohdan
sen yön

vuosillani pelaan Tetristä,
kun voisin neuloa sukkaa, tai lapasta
vuosillani kuorin pestyjä perunoita,
kun voisin istuttaa tomaatteja

vuosillani ehtisin kuunnella sadetta
mutta me ei enää puhuta
vuosillani, vuoriltani
en alas pääse

vuosillani en pääse Roomaan
mutta mökille uimaan,
kuten ehkä vain halusinkin

vuosillani
       lämmitän saunan

xlv

ajan kankaat
venyvät vierellämme
ja me
venymme yhtä paljon, kuin mitä vesilasi venyisi

mutta se ei välttämättä haittaa
ei kristallipalatsikaan venyisi
eikä apatia rajoitu ainoastaan valoa taittavalle

joskus
       sitä silti haluisi venyä
       ettei aina tarvitsisi sirpaloitua

kuten vesilasi
tai
kristallipalatsi

xlvi

mansikoita ja metaforia
ikuistimme helteet ihoomme
tuoreesta koivusta
vuolimme lapsemme

hiljalleen ohraa
ovat kurjet karanneet jo kauas
aamukasteisesta ikkunasta
seuraamme purojen pysähtyvän

äänettä jääpuikot
sanatta tuulet
perintöhopeat puissa
nukkuvat

nousevat niityt
puemme valon yllemme
eivät vuodet
meitä enää kaipaa

xlvii

kolmella eurolla krysanteemeja
kultaa ja kyyneleitä
niitä onnellisempia sateita
niitä lyhyempiä vuosia

xlviii

se kodin tuoksu, jonka huomaa vain, jos on ollut pitkään poissa
kaikki ne tavarat, jotka ovat millilleen siinä, mihin ne olivat jätetty
tuttu, parhaalta maistuva vesi
uudet roskapussit ja tyhjä jääkaappi

näiden eteen pitää viipyä kauan
tai kaukana
näiden eteen pitää osata unohtaa
ja luoda turva hetkeksi jonnekin muualle

mutta vasta, ehkä seuraavana päivänä, kun ei enää maista vettä
tai alkaa hukkaamaan tavaroita
ja vie ensimmäistä biojätettä
tietää
syvimmässä alitajunnassaan
olevensa kotona

ja tätä tunnetta
olen odottanut kotona vuosia

xlix

niin kaukana, Lower Manhattan
enkä välttämättä tarkoita kilometrejä

ovat metropolin valot kaukana

                    heistä, jotka valaisevat
                    Katajatien pururataa
                    eivätkä heistä tihku edes
                    samoja sateita

mutta silti
korkeammalla ovat havut,
kuin pylväät unettoman kylän

vaikkeivät polut
valolla tulvisikaan

kun oma sänky
neljältä aamulla
on ainoa avaruuden kappale
ja Chopin
tai Debussy
ovat ainoat, joka ovat myös valvoneet öitä
enkä nyt tarkoita keskustan neonvaloöitä,
vaan vanhan Pariisin
Goghin
Uryn öitä,
on hyvä muistaa,
ettei avaruus ole avaruus ilman kellujaa
eikä sänky sänky
ilman nukkujaa

kun oma sänky
viideltä aamulla
on ainoa avaruuden kappale
olet
se kaikki muu

li

huulillani kirsikkaa
Utön merituulet kasvoillani, kevään kevyet

lipuvat kaarnaveneet
katoavat horisonttiin, kuten aina ennenkin

muistoja lapsuuden toiveesta
olla joskus iso ja nähdä

ne kelluvat kaarnat
ja kirsikkapuut
hieman kauemmin